DISCOURS

SUR LA

NAISSANCE

DE S. A. R. MONSEIGNEUR

LE

DUC DE BORDEAUX.

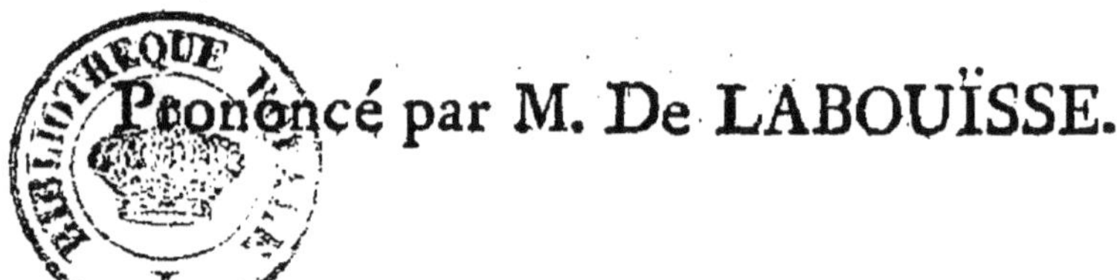

Prononcé par M. De LABOUÏSSE.

CASTELNAUDARY,

DR L'IMPRIMERIE DE G.-P. LABADIE, (1820).

DISCOURS

SUR LA NAISSANCE

DE S. A. R. Mgr. LE DUC DE BORDEAUX,

Quelles que fussent les émotions de mon cœur, je n'aurais pas songé à parler en public, si je n'y avais été invité ; mais je ne m'en cacherai pas ; c'est avec plaisir que j'ai saisi cette occasion de recommander à mes Concitoyens, l'union que je voudrais voir régner, non seulement parmi eux, ce qui n'est pas difficile, mais encore dans le reste de la France. Toutefois, n'ayant eu que peu d'instans pour tracer ces lignes et les faire imprimer, j'espère qu'on voudra bien les lire avec quelque indulgence.

La paix de ces beaux lieux va chasser la discorde,
Les Lys y brilleront par un nouvel éclat ;
Quel sera cet Enfant que le Ciel nous accorde ?
Déjà ses faibles mains affermissent l'Etat.
(SÉNECÉ).

Messieurs,

Nous voilà rassemblés pour célébrer une époque bien solennelle ! mais quel tableau se déroule à nos yeux ?

La mort d'un Prince jeune encore, d'un Prince généreux, sensible, affable, accompagnée de toutes les horreurs du crime ; la sublime douleur de sa veuve infortunée, contrastant avec ce berceau signe d'espérance et de bonheur pour notre Patrie. Eh! qui de nous n'a pas senti palpiter son cœur d'émotion, de surprise et d'alégresse en entendant l'explosion de l'airain annoncer cette heureuse nouvelle ? Comme on courait ! comme on se pressait ! comme on se félicitait ! *Monsg. le DUC DE BORDEAUX respire* ! et ce cri avait rallié tous les cœurs ! Braves Castelnaudaryens, je l'ai vu avec plaisir ce témoignage unanime de votre attachement à la Légitimité, à cette auguste famille des BOURBONS qui a produit tant de bons Rois ; à cette Monarchie paisible et douce, qui seule peut assurer la force, l'intégrité et le repos de notre Patrie. Qu'ailleurs, en apprenant la délivrance de la Princesse, des traitres et des séditieux, ayent montré une coupable indifférence ou ayent tremblé d'effroi ; je puis le dire hautement : ici la joie a été universelle. Que cette joie soit un signal inaltérable de paix et de concorde ! Loin de nous toutes ces haines, tous ces partis, toutes ces factions, que l'envie et la méchanceté cherchent à fomenter sans cesse. Qu'une parfaite union, je ne dis pas de principes, ce qui serait impossible, mais du moins de sentimens et de bonnes intentions, rapproche tous les esprits et préserve les personnes infiniment crédules de tomber dans les piéges perfides qu'on dresse autour d'elles. Ils ne se multiplient que trop sous nos pas !

tous les moyens sont employés pour nous tromper et nous séduire. Les insinuations que les journaux rapportent , les instructions que les Ministres du Roi publient , tout le prouve. En effet il suffit d'ouvrir les yeux pour le voir. De vils pamphletaires que le besoin du mal possède , vont rependant avec adresse le poison qui les dévore. Ils connaissent bien l'astucieuse atrocité de leurs mensonges ; mais ils savent que quelle qu'en soit l'absurdité , il y aura toujours des hommes faibles qui , par peur ou par ignorance , se laisseront enrôler sous leurs sinistres drapeaux ; ils savent qu'en allant remuer les passions il en jaillit toujours quelques étincelles incendiaires ; ils savent enfin , que les expressions dont ils se servent, quelques vieillies qu'elles soient, ont leur prestige ; par exemple , parceque la *Féodalité* fait beaucoup de mal , ils crient toujours à la Féodalité , comme si elle était à nos portes avec toutes ses chaînes , toutes ses vexations et toutes ses défiances. Ce n'est pas tout encore : vous avez des charges énormes , vos terres sont trop imposées... Eh bien ! disent-ils, il sera encore retranché à vos premiers besoins pour acquitter des *Dimes* de toutes sortes , des *Dimes politiques* , des *Dimes religieuses*. Envain on leur répond qu'il est par trop insensé de supposer que les plus riches Propriétaires , rassemblés pour défendre les droits et les intérêts de la Nation , consentent jamais à accorder de pareils subsides dont ils payeraient la plus grande partie. N'importe , ils continuent à nous menacer de ces anciens usages qu'il serait impossible de rétablir ; ou comme le serpent, imitant ses plis, ses replis et ses ruses; si ce prétexte leur échappe, ils se tournent vers les acquéreurs des domaines nationaux, et leur annoncent qu'ils en seront dépossédés. Menteurs et traîtres! ils n'ignorent pas que personne n'y songe; ils n'ignorent pas que la Charte confirme ces acquisitions, qu'elles sont à jamais irrévocables; ils voient même que les propres victimes de cette ancienne spoliation, la souffrent sans se plaindre. Leur sacrifice est fait; ils sont plus attachés à la cause des Bourbons, à leur Patrie, qu'ils ne l'étaient à leurs terres et à leurs rentes. Qu'on étudie leur conduite, (je ne parle pas de quelques exceptions peu nombreuses, qu'une longue suite de malheurs n'excuse que trop...) Qu'on étudie en général leur conduite, et l'on verra quelle résignation, quelle loyauté, quelle prudence, quelle sagesse ils montrent dans leur infortune. — Que tous les acquéreurs y réfléchissent de bonne foi; que peuvent-ils craindre? N'ont-ils pas pour garant les promesses du Monarque, le texte de la Charte et la loi de la nécessité? Oui, Messieurs, tout ce que le Roi a consacré est désormais immuable. Quand il pouvait tout, quand il revenait de la terre de l'exil au sein d'un peuple avide de se soumettre à son pouvoir légitime, quand nos acclamations et notre reconnaissance ne laissaient aucune borne à son autorité, peut-être n'aurait-il eu qu'à parler pour tout rétablir. Il n'aurait trouvé aucun obstacle, ni rencontré aucun murmure, tant on était lassé d'anarchie et de despotisme. Cependant que fit le généreux descendant de St.-Louis ? loin de river nos fers , il nous en affranchit au contraire , et nous lui dûmes cette liberté réelle dont nous jouissons , ectte LIBERTÉ proclamée tant de fois et si peu connue avant lui. Si donc l'on n'a réellement rien à craindre d'un Gouvernement qui nous accorda tout quand il pouvait tout nous ôter , pourquoi l'union des Français ne serait-elle pas sincère et entière ? Qui d'entre nous voudrait de nouveaux bouleversemens ? Qui pourrait désirer une révolution nouvelle ? l'expérience du passé n'est-elle pas assez forte ? aurait-on si-tôt oublié les proscriptions en masse , les déportations , les fusillades , les noyades et les échaffauds de 93 ? Et quand même nos familles, mutilées de tant de manières sous le règne de la terreur , n'eussent pas subi toutes ces douloureuses épreuves , ne serait-ce pas assez , pour nous arrêter sur les bords du précipice , d'observer en ce moment les Nations qui nous entourent ? Hélas ! de combien de crimes ne se sont-elles pas déjà couvertes ! Jugeons-les ces révolutionnaires de tous les pays par les moyens qu'ils emploient et les auxiliaires qu'ils recrutent. Là, c'est le poignard de Sand ou celui de Louvel qu'ils aiguisent ; ailleurs ce sont les Bagnes qu'ils ouvrent, s'associant ainsi tous les forfaits et tous les crimes... Non, ce n'est pas ici le lieu de dépeindre les désastres qui en ont été la suite ; leurs imprudens libérateurs ont été leurs premières victimes ; des Femmes outragées , dépécées , dévorées par ces antropophages !..... (1)

---

(1) En Sicile, les forçats délivrés ayant été menacés d'une

Mais éloignons ces images terribles. Si ma plume s'y est arrêtée un moment , c'est presque malgré moi ; elle a été entrainée par le désir de contribuer , autant qu'il est en elle , à la réunion de tous les citoyens. J'ai pensé qu'un ami de l'ordre , connu par la franchise de ses opinions et l'indépendance de son caractère , devait donner un démenti public à ces fausses accusations qui circulent dans l'ombre ; surtout dans une occasion aussi favorable , où la même pensée , le même amour , le même désir, les mêmes espérances réunissent nos vœux autour du même Berceau. Que les bénédictions du Ciel lui soient accordées avec abondance ; elles tourneront à notre avantage commun. Ici ,. je le sens, le langage ordinaire ne peut plus suffire aux vérités qui se présentent ; empruntons cette stance prophétique au rival de Pindare , à J. B. Rousseau :

> Peuples , voici le premier gage
> Des biens qui vous sont préparés ;
> Cet Enfant est l'heureux présage
> Du repos que vous désirés.
> Les premiers instans de sa vie ,
> De la discorde et de l'envie ,
> Verront éteindre le flambeau.
> Il renversera leurs trophées ,
> Et leurs Couleuvres étouffées
> Seront les jeux de son Berceau.

FAMINE FACTICE (car en fait de conspiration et de révolte, c'est partout la même tactique) , ont coupé les mamelles à quelques jeunes femmes ; ils les ont fait cuire et les ont mangées !...

L'Oracle vient de parler ; recueillons ses paroles avec enthousiasme. Français, que par cette heureuse naissance il nous est évité de grands maux dans l'avenir ! quelle guerre civile épargnée à nos enfans et à nous-même ! quelle sécurité en place d'une foule d'incertitudes ! et quel présage d'une longue prospérité ! Le Lettres et les Arts , tous ces plaisirs bienfaiteurs , que les révolutions anéantissent (2) , ne fuiront pas , exilés du royaume. Le Commerce qui assure la prospérité des états , refleurira dans toute sa splendeur. L'Agriculture protégée par le sage Prince qui nous gouverne , et qu'il suffira d'éclairer sur ce point , ne se verra plus menacée d'être détruite. Ces importations désastreuses (3) qui font la gêne de nos propriétaires et la ruine de nos colons (4) , seront sans doute défendues , ou calculées sur des bases moins onéreuses (5).

---

(2) Qu'on ne nous accuse point de calomnier les révolutions. Qu'a fait la nôtre ! L'échafaud n'a-t-il pas enlevé à notre admiration les Lavoisier, les Bailly , les André-Chenier, les Venance, les Roucher, les Marandon , les Durand–Maillanne et une foule d'autres victimes intéressantes ? le souvenir de l'auteur du TÉLÉMAQUE, put-il sauver un Fénélon ? CITOYENS, JE SUIS BUFFON, disait le fils de notre Pline , et sa tête tomba à l'insant sous le fer des bourreaux. Les Laharpe, les Marmontel, les Florian , les Vigée , les Hyacinthe - Morel et d'autres Littérateurs célèbres, ne furent-ils pas incarcérés par elle , sans compter tous ceux qu'elle fit proscrire !... Ah ! toutes ses preuves sont faites pour le mal ; mais où est le bien qu'elle a fait ?

(3) Les notes 3, 4 et 5 sont renvoyées à la fin , à cause de leur longueur et de leur importance.

Il est permis de l'espérer , grâce à l'étoile nouvelle qui brille dans les cieux. La tige de la légitimité reçoit de nouvelles racines ; nos institutions en deviennent plus solides. Félicitons-nous , félicitons-nous mille fois.

« C'est maintenant (comme disait Pline , sous le règne
» de Trajan) c'est maintenant qu'il est doux de vivre ;
» c'est maintenant que nos femmes se réjouissent d'avoir
» mis au monde des enfans , en voyant à quel Prince
» elles ont donné des Citoyens , à quel Général elles
» ont donné des Soldats. » Ce fils qu'un Bourbon mourant nous légua sur les bords de la tombe , est destiné à être plus illustre que son illustre père. Franc , vif , courageux comme celui qui lui donna l'être , sachant vaincre et pardonner ; secourir le vaincu et PANSER LES BLESSURES ; il sera brave comme Henri IV et bon comme Louis XII ; toutes les vertus seront dans son sang. N'a-t-il pas pour Mère une héroïne qu'on ne peut contempler sans une profonde admiration , en songeant à sa jeunesse , à ses malheurs , à sa fermeté ? Que de touchans détails ne nous parvient il pas déjà de la Capitale ! Vous les avez tous lus dans nos gazettes (6). Quelle présence d'esprit ! quelle résignation ! quel courage ! rien n'étonne cette héroïque Princesse ; elle a songé à tout. Ses dangers , ses douleurs, ses souffrances ne lui sont rien ; elle ne voit, elle ne

____

(6) On sera, je pense, bien aise que je rappelle ici le compliment franc et énergique que reçurent le Roi et la Reine , à la naissance de MADAME ROYALE aujourd'hui DUCHESSE D'ANGOULÈME , de la part des vendeuses de marées , de Paris : « Sire , voici des lauriers pour vous, voici des fleurs pour la » Reine, les ronces sont pour les pauvres poissardes; mais « nous oublions tous nos maux, dès que nous avons le plaisir » de crier: VIVE LE ROI! VIVE LA REINE! »

sent que le bonheur qu'elle nous apporte : elle veut que le peuple attendri l'apperçoive tenant le Prince dans ses bras. *Montrez - leur aussi ma Fille , s'é-crie-t'elle , elle est aussi à eux.* — *Pauvre Charles ! veille sur la Mère et l'Enfant et sur ma nouvelle Patrie.* Des vœux aussi pieux seront , sans doute , exaucés. L'ivresse générale était à son comble. Que de mots heureux et charmans n'a-t-elle pas dictés ! Là , c'est un brave militaire racontant ce qu'il vient de voir à la foule surprise : *que vous dirai-je enfin ? c'est un Héros que cette Femme.* Plus loin , un Gre-nadier désire que le Prince fut déjà en *état de venir passer la revue.* A ses côtés , un bon Vétéran déchire son congé , voulant servir encore cette Famille bénie , que le ciel vient de rendre heureuse au milieu de la plus grande douleur !... Mais qu'est-il besoin de trans-crire ces douces saillies du cœur , que la joie , la confiance et le bonheur inspirent ! Ne les avons nous pas tous retenues ? n'avons nous pas tous repété avec l'Archevêque de Paris : « J'espère que cette fois personne » n'accusera la providence de n'avoir pas fait son devoir. » C'est maintenant à nous à faire le nôtre ». Oui , Messieurs , fidèles au parti de la raison et de l'honneur , nous le ferons aussi. Que pourrait-il présenter de difficile ou de pénible ce noble devoir ? Certainement , ou tous les pronostics sont faux , ou pour la félicité de nos familles il vient de naître un grand Prince.

VIVE LE ROI ! VIVENT LES BOURBONS !

VIVE LE DUC DE BORDEAUX !

VIVE SON AUGUSTE MÈRE !

NOTES.

(3) Pour démontrer la vérité de cette rapide observation, il faudrait faire un ouvrage , je le sens ; mais peut-être en dirai-je assez dans ces notes, pour en faire sentir et l'importance et la justice.

Il existe deux lois (du 2 décembre 1814 et du 16 juillet 1819) dont on ne saurait blâmer la prévoyance : elles contiennent de salutaires mesures. Aussi, l'expérience ne leur reproche-t-elle que le maximum qu'elles indiquent, et la manière dont on les laisse exécuter. Le maximum est 21 fr., ou pour être plus exact et plus clair, 23 fr. pour le département de l'Aude , tandis qu'il devrait être à 26 fr. au moins , afin qu'il existât quelque équilibre entre les produits territoriaux et les frais de culture ou de contributions. Ce prix de 26 francs y serait même assez modique , puisque, lorsque le blé l'y aurait atteint, il ne serait encore qu'à 22 ou 23 fr. dans celui de l'Ariège. Quant à l'exécution de ces lois, elle est, on ne peut plus, fatale à l'agriculture. Marseille a été déclaré port franc , l'arrivage des blés de la Crimée et des côtes de Barbarie y est continuel. Si le blé indigène se soutient quelque temps au-dessous des prix où la sortie est permise, c'est-à-dire 3 francs au-dessous du maximum, aussitôt quelques SPÉCULATEURS, (je ne les appelle pas NÉGOCIANS ; c'est un mot trop noble pour des ACCAPAREURS qui SPÉCULENT sur la subsistance et le mal aise de leurs compatriotes....) aussitôt, dis-je, quelques SPÉCULATEURS font disparaître le peu de grain qui circule et que la nécessité fit vendre à un taux si bas. Cette DISETTE FACTICE fait remonter la Mercuriale au prix prohibé ; la sortie est interdite , l'entrée autorisée ; et qu'en résulte-t-il ? le tableau sera court : à l'instant les vaisseaux qui arrivent se déchargent , les porte-faix circulent, les magasins se remplissent, les entrepôts s'ouvrent, les SPÉCULATEURS sont dans la joie, et le reste de la nation dans la tristesse.

(4) Il n'en est pas de nos provinces comme de la capitale :

dans Paris, dans cette ville qui est à part, et qu'on peut regarder comme une surcharge pour la nation, il est nécessaire que le pain soit toujours à bas prix. Mille considérations l'exigent; le Parisien, comme l'ancien Romain, a besoin de PAIN ET DE SPECTACLES : le pain est nécessaire aussi à nos cultivateurs; mais en place des SPECTACLES, c'est du TRAVAIL qu'ils demandent. Quand le blé est à vil prix, le propriétaire est sans ressource pour répondre à ce vœu, à ce besoin des hommes pauvres qui l'entourent. Dès-lors, les bras des Colons se reposent, le Marchand de draps reste isolé dans son magasin, le Tailleur manque d'ouvrage, le Cordonnier fait moins de souliers et de bottes, l'Orfèvre ferme sa boutique, les Ateliers deviennent déserts, tous les états souffrent, le Commerce languit, les impôts se payent mal, et l'agriculture se meurt. Qu'au contraire, les grains ayent quelques cours; qu'ils obtiennent un prix plus élevé, alors tout le monde travaille, tout le monde est à son aise, tout le monde vend; et combien d'individus vivent par la circulation d'un écu qui naguère ne profitait à personne, pas même au Capitaliste qui, dans ces occasions, resserre ses fonds et n'ose les placer, dans la crainte de les perdre ou d'en avoir bientôt besoin lui-même. Je suis fâché d'être obligé de serrer mes idées : je ne m'arrête qu'aux principales. Il est de fait, qu'avec 3 hectolitres de blé, un homme a de quoi vivre pour un an. Supposons qu'il advienne une augmentation de 4 à 5 fr. (sans toutefois que cette augmentation nous amène une invasion de froment étranger, comme cela se pratique à présent, quoique notre blé indigène n'ait pu monter encore à 23 fr., même le plus beau....); dans cette supposition, je dis : qu'importe au Colon ces 15 fr. de plus de dépense, pourvu qu'il TRAVAILLE. Doublons même la somme et mettons 30 fr., à cause de sa famille : ces 30 fr., il les retrouvera bien vite; sa fortune est au bout de ses bras; qu'on l'employe, il est content, heureux et gai : mais s'il n'a rien à faire, il gémit; toutes les privations l'assiègent, la misère l'atteint; et quand LE DÉCOURAGEMENT NE LE CONDUIT PAS AU DÉSESPOIR, PÈRE DES CRIMES, il finit par aller tendre la main et recevoir l'aumône ; ce qui est le dernier degré du malheur pour nos paysans qui ne sont pas faits à cette honte.

(5) Jadis on expédiait à Marseille, à Toulon, dans toute la Provence, qui s'acquittait par ses huiles, par ses olives, par ses parfums, en Espagne qui nous envoyait ses laines, et à l'Italie qui nous fournissait des soies, le superflu de nos récoltes ; lequel, suivant quelques Ecrivains, excède d'un cinquième la consommation. Tout le monde se trouvait bien de ces échanges ; mais aujourd'hui, non seulement ce superflu nous reste ; non seulement ce superflu s'est augmenté de toute l'abondance produite par les progrès de la culture, par l'innombrable division des terres, par le défrichement de bruyères, de bois et même de prairies que de longues sécheresses avaient rendues presque stériles, enfin par le desséchement de l'Étang de Marseillette, qui, à lui seul, a ajouté à nos provisions 30 à 40,000 hectolitres de blé : malgré cela il nous faut encore supporter tous ceux qui affluent d'Odessa et de Tangaroch.... Dans cette triste position, notre commerce et notre marine sont paralysés. Il y a actuellement EN DÉPOT, à Marseille, 300,000 charges de blé, c'est-à-dire 600,000 hectolitres, qui doivent être augmentés de 400,000, vers le mois de décembre prochain. Ce convoi est attendu, il est annoncé, il est en route.... Que chaque hectolitre, après la petite opération de baisse et de hausse que j'ai indiquée, se vende 18 fr. comme cela est probable ; ce sont DIX-HUIT MILLIONS qui sortiront de France : ILS SORTIRONT ET N'Y RENTRERONT JAMAIS : ils n'y rentreront jamais ; car quels moyens aurions-nous pour les y rappeler ?

« L'industrie manufacturière a acquis un tel degré de déve-
» loppement et d'activité dans tous les états de l'Europe....
» qu'on peut la regarder comme stationnaire dans chacun de ces
» Etats : chaque nation repousse à sa frontière les produits in-
» dustriels des autres nations, par des droits exhorbitans.... Ainsi
» l'industrie nationale n'a d'autre soutien que la consommation
» intérieure (*) ». Cela est si vrai, qu'autrefois Carcassonne, Limoux, Chalabre et Montoulieu envoyaient leurs Draps dans

____

(*) Extrait de la pétition des Propriétaires du canton de Montréal.

le Levant, qui se pourvoit ailleurs aujourd'hui : que Toulouse, Castelnaudary, Narbonne alimentaient, par leurs blés, leurs farines et leurs Vins, des Colonies qui n'existent plus pour nous : que l'Espagne même vient de nous priver de nos dernières ressources. Elle nous a enlevé nos jumens et ne veut plus de nos mules, parce qu'elle est parvenue à en élever chez elle ; c'était la seule COMPENSATION qui nous restat : nous prenons encore ses laines, sans avoir rien à lui rendre..... J'ai signalé sans exagération et avec franchise, cette blessure profonde de notre agriculture : pouvais-je craindre d'offenser un gouvernement paternel, qui ne cherche qu'à connaître le bien pour le faire? il a pu être induit en erreur par quelques intérêts particuliers, et le détromper c'est le servir. Faut-il que le bonheur de tous soit sacrifié à la prospérité d'une seule ville? Marseille en sera un peu moins riche; mais sera-ce un si grand malheur pour elle, d'avoir à partager avec nous quelques-uns de ses bénéfices? Sa prospérité ne sera-t-elle pas alors plus patriotique, puisque nos capitaux, en circulant, ne quitteraient pas notre Patrie, que n'ont déjà que trop appauvrie de grandes adversités?.... Si je ne me trompe, les considérations que j'ai grouppées dans ces notes, méritent d'être méditées ; voilà pourquoi je les livre avec confiance à la sagesse de nos Hommes d'Etat.

En parlant de la Révolution, j'ai dit, dans ma 2.ᵉ note: AH! TOUTES SES PREUVES SONT FAITES POUR LE MAL; MAIS OU EST LE BIEN QU'ELLE A FAIT? J'avais émis une opinion presque semblable, dans un autre ouvrage, et, à ma grande surprise, voici l'interprétation qu'un journal rapporte : « M. DE Labouïse prétend » que la Révolution n'a fait que détruire, et qu'elle n'a rien édifié: » il nous semblait cependant, que le Gouvernement représentatif

---

(*) Lycée français, tom. 5, 14.ᵐᵉ livraison. - Dans le même article, sur la traduction en vers d'OWEN, on m'attribue une Épigramme dont je ne suis pas l'Auteur. Je n'ai fait que la recueillir comme une curiosité, comme un trait qui se rapportait un peu au texte de l'Auteur, la citant sans en approuver ni le fonds, ni la forme.

» était un assez bel édifice, et qu'il était sorti de la Révolution,
» avec l'égalité politique des citoyens; le jugement par Jurés
» et d'autres institutions qui, pour n'être pas encore parfaites,
» n'en sont pas moins des bienfaits légués à notre siècle par
1789 (*) ». Il y a erreur et méprise dans cette réfutation; mais
comme elle sort de la plume d'un Ecrivain de mérite, dont
j'estime le talent, et qui a eu l'attention de me combattre avec
beaucoup de modération et de politesse, je répondrai à M. AV...
Distinguons : je suis loin de condamner le système représentatif;
IL EST LA SAUVE-GARDE DE NOS LIBERTÉS. Mais ce
système qui date de nos ayeux, les Gaulois et les Francs,
fut rétabli ou restauré, quand le Roi martyr convoqua les
États généraux. Est-ce la révolution qui fit cette convocation?
Existait-elle encore ? Qui voulait la réforme de quelques usages
et la suppression de quelques abus? n'était-ce pas le Roi? n'avait-
il pas créé L'ÉGALITÉ POLITIQUE DES CITOYENS, en supprimant tous
les serfs et toutes les servitudes, en abolissant toutes les corvées ?
Il fallait suivre ses conseils et sa prudence; il fallait s'en rap-
porter à son amour et à sa justice. Mais on fit alors comme on
voudrait faire aujourd'hui : on déchaîna les passions ; l'avidité
d'acquérir s'éveilla ; l'ambition triompha ; la sagesse ne fut
plus regardée que comme un obstacle, la raison comme un
préjugé; on brisa tout, même le Trône..... Et vraisemblablement
ce n'est pas cela qu'on voudrait que j'approuvasse. Je persiste
donc à croire que des RÉFORMES ne doivent pas être des DES-
TRUCTIONS : qu'il faut appeler RÉVOLUTION tout ce qui DÉTRUIT.
Il y a RÉVOLUTION en Espagne; il y a RÉVOLUTION à Naples; il
y a RÉVOLUTION en Sicile. Les séditions, les révoltes, les crimes,
les échaffauds de la terreur, les Missionnaires de 93, tout cela
est la RÉVOLUTION ou l'ouvrage du génie du mal. Voilà toute ma
pensée; je n'ai jamais su feindre. Quant aux bonnes institutions
que nous avons, nous sommes loin de les lui devoir; elles sont
nées du besoin d'arrêter le bouleversement, de rétablir l'ordre,
de conserver la société qui était prête à périr; car, pour le dire
en un mot, ces institutions sont trop belles, pour être filles de
la Révolution; une telle mère les déshonorerait.

F I N.

www.ingramcontent.com/pod-product-compliance
Lightning Source LLC
Chambersburg PA
CBHW051505060726
47596CB00007B/2923